DÍAS FESTIVOS

El Día de los Muertos

Una celebración de la familia y la vida

Carol Gnojewski

Enslow Elementary

an imprint of

Enslow Publishers, Inc.

40 Industrial Road   PO Box 38
Box 398   Aldershot
Berkeley Heights, NJ 07922 Hants GU12 6BP
USA   UK

http://www.enslow.com

*A Olga Sánchez por su ayuda y su habilidad para inspirar a que se realicen acontecimientos culturales;
y a mi hijo Conrad por ayudarme a escribir este libro.
También, a la memoria de mis seres queridos: Leona y William O'Neill y Tía Faith.*

Enslow Elementary, an imprint of Enslow Publishers, Inc.

Enslow Elementary ® is a registered trademark of Enslow Publishers, Inc.

Spanish edition copyright © 2005 by Enslow Publishers, Inc.

Originally published in English under the title *Day of the Dead—A Latino Celebration of Family and Life* © 2005 Carol Gnojewski.

Spanish edition translated by Romina C. Cinquemani, edited by Susana C. Schultz, of Strictly Spanish, LLC.

Library of Congress Cataloging-in-Publication Data

Gnojewski, Carol.
  [Day of the dead : a Latino celebration of family and life. Spanish]
  El día de los muertos : una celebración de la familia y la vida / Carol Gnojewski.
     p. cm. — (Días festivos)
  Includes bibliographical references and index.
  ISBN 0-7660-2615-9
  1. All Souls' Day—Mexico—Juvenile literature. 2. Mexico—Social life and customs.—Juvenile literature. I. Title. II. Series.
GT4995.A4G5618 2005
394.264'0972—dc22
                                                    2005007335

Printed in the United States of America

10 9 8 7 6 5 4 3 2 1

To Our Readers: We have done our best to make sure all Internet Addresses in this book were active and appropriate when we went to press. However, the author and the publishers have no control over and assume no liability for the material available on those Internet sites or on other Web sites they may link to. Any comments or suggestions can be sent by e-mail to comments@enslow.com or to the address on the back cover.

Every effort has been made to locate all copyright holders of material used in this book. If any errors or omissions have occurred, corrections will be made in future editions of this book.

A nuestros lectores: Hemos hecho lo posible para asegurar que todos los sitios de Internet que aparecen en este libro estuvieran activos y fueran apropiados en el momento de impresión. Sin embargo, el autor y el editor no tienen control sobre, ni asumen responsabilidad por, los materiales disponibles en esos sitios de Internet o en otros de la Web a los cuales se conectan. Todos los comentarios o sugerencias pueden ser enviados por correo electrónico a comments@enslow.com o a la dirección que aparece en la cubierta trasera.

Se ha hecho todo el esfuerzo posible para localizar a quienes tienen los derechos de autor de todos los materiales utilizados en este libro. Si existieran errores u omisiones, se harán correcciones en futuras ediciones de este libro.

Photo Credits/Créditos fotográficos: © 1996–2003 ArtToday, Inc., p. 1; © 1999 Artville, LLC., p. 12; Associated Press, pp. 5, 9, 10, 23, 24, 27, 29, 33, 34, 35, 41; Corel Corporation, pp. 13, 14, 15, 18, 20, 21, 32 (bottom/parte inferior), 37, 42–43 (background/fondo), 44, 48; Cortesía de Anne Enslow, pp. 4, 7, 16, 17, 22, 26, 30, 36, 38, 39, 40; Hemera Technologies, Inc. 1997–2000, pp. 2, 6, 25, 45; © 1996–2004 JupiterImages, pp. 3, 8, 11, 28, 31, 32 (top/parte superior), 46, 47; Biblioteca del Congreso, p. 19; Cathy Tardosky, pp. 42, 43.

Cover Credits/Créditos de la cubierta: background/fondo, AP (Niños en Chicago, Ill., llevan calaveras tradicionales de papel maché en un desfile que celebra el Día de los Muertos.); inset #1/encarte #1, © 1996-2004 JupiterImages; inset #2/encarte #2, Cortesía de Anne Enslow.

CONTENIDO

La familia usa flores como decoración para las celebraciones del Día de los Muertos.

CAPÍTULO 1

El Día de los Muertos

CEMENTERIOS MEXICANOS

Muchos cementerios mexicanos tienen tumbas de piedra. Las familias las usan como mesa cuando se reúnen a su alrededor durante el Día de los Muertos. Allí se esparcen regalos para los muertos. Pueden ser flores, velas, dulces y comida.

Es el atardecer del primero de noviembre. En pueblos de todo México, la gente se prepara para un gran picnic. Todos tienen ánimo festivo. Las campanas de la iglesia repican. Comienzan los fuegos artificiales que anuncian la llegada de invitados especiales. ¡Los espíritus de los muertos están llegando! Las familias llevan canastas con alimentos y artículos de limpieza al cementerio. Limpian y quitan la hierba de las lápidas de sus familiares. Una vez que las tumbas están limpias, las familias se sientan y comen. El cementerio está

Los mariachis a veces caminan alrededor de las tumbas cantándoles a los muertos.

lleno de gente. Todo el pueblo está allí. Los niños juegan con sus amigos. Los mariachis caminan alrededor de las tumbas y cantan canciones populares. La gente vende globos y flores afuera del cementerio.

A la noche, se colocan velas sobre las tumbas. Una para cada familiar fallecido. Se encienden una por una. Se dicen en voz alta los nombres de los muertos. Las sombras de las velas bailan entre los rostros y las tumbas. El picnic continúa toda la noche. Las familias se quedan despiertas y les hacen compañía a sus familiares muertos. Las familias se cuentan chismes y antiguas historias familiares. Recuerdan los buenos tiempos que pasaron con los que murieron.

Una familia decoró esta tumba y pasará la noche allí para recordar a sus parientes fallecidos.

Un *boy scout* deja una bandera sobre una lápida en un cementerio de Kentucky el Día de Conmemoración a los Caídos. Esta es una de las maneras en que los estadounidenses recuerdan a sus seres queridos.

En Estados Unidos, no siempre se habla de la muerte. Cuando alguien muere, se hace el velatorio y luego el entierro. A veces los cementerios están lejos de las ciudades. De noche, no son lugares de reunión para los vivos. Para los estadounidenses, pasar la noche en un cementerio parece la escena de una

Los Días de los Muertos son tiempos para recordar a los fallecidos. Esta familia decora la tumba de un familiar con pétalos.

9

En México se celebran los Días de los Muertos durante varios días y noches.

película de terror de Halloween. En México no se lo considera terror. Compartir un picnic con parientes muertos es una manera de celebrar una fiesta sagrada llamado Los Días de los Muertos. A veces los Días de los Muertos se denominan Día de los Muertos.

Estos días festivos se celebran desde el 31de octubre hasta el 2 de noviembre. Es un día festivo importante en México porque se centra en la familia y en las etapas de la vida y la muerte. Desde tiempos antiguos, los mexicanos han destinado estos días a curaciones espirituales y familiares.

Los esqueletos y las calaveras son símbolos del Día de los Muertos.

Los aztecas crearon un gran imperio en lo que hoy es México.

CAPÍTULO 2

Antiguas creencias aztecas

Entre los pueblos antiguos, los aztecas fueron los que construyeron grandes imperios en lo que hoy es México. Los aztecas vieron que las estaciones de los cultivos tenían un ciclo regular. Ellos podían recordar y registrar los cambios de posición de las estrellas. Su interés en el cielo los llevó a crear el calendario solar. Al calendario azteca a veces es llamado calendario solar. Es un disco grande hecho de piedra volcánica verde. Muestra el tiempo en una serie de círculos con el sol en el centro. Hay círculos dentro de otros. Esto significaba que el tiempo y la vida se repetían.

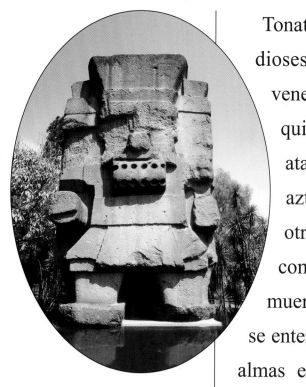

Los aztecas esculpieron estatuas de su idea de los dioses. Este es el dios de la lluvia.

Tonatiuh, el sol, era uno de los muchos dioses, llamados teotls, que los aztecas veneraban. Ellos creían que Tonatiuh era quien daba vida. Tonatiuh moría cada atardecer para traer la noche. Para los aztecas, la gente moría para dar lugar a otros. Ellos entendían la vida humana como un ciclo que no terminaba con la muerte. Aunque el cuerpo de una persona se enterraba, su espíritu seguía viviendo. Las almas entraban a mundos ocultos para los vivos. Importaba cómo se moría y no cómo se vivía. Los guerreros muertos se convertían en colibríes y volaban al sol. Los bebés iban a un lugar donde la leche brotaba de los árboles. Incluso había un lugar especial para los que se ahogaban o los mataba un rayo.

La mayoría de las almas atravesaban un camino sin final llamado Mictlán. Era el otro mundo. Con ellos se enterraba ropa, herramientas y utensilios de cocina para el viaje. El Señor de la Muerte, Mictlantecuhtli, cuidaba sus huesos. Los aztecas le temían. Sin embargo, no creían que era malvado. Era codicioso y generoso a la vez. Tenía el poder de dar y quitar la vida.

Los aztecas pensaban que cuando la noche terminaba, el sol renacía. Creían que los muertos también renacerían. Creían que los cuerpos esperaban renacer como semillas en la tierra. Los festivales para los muertos se hacían en los meses nueve y diez del calendario solar. Esto era a fines del verano. Las familias ricas compartían sus alimentos con los pobres. También invitaban a los espíritus de los muertos a visitarlos.

Estas ruinas antiguas (Pirámide del Sol) fueron un templo construido para el rey sol.

Aún hoy se usan máscaras para el Día de los Muertos como la de esta niña en Oaxaca, México.

Como las almas habían pasado a un nuevo nivel del universo, los aztecas los trataban como dioses. Se quemaba incienso llamado copal. El copal se hace con la savia de un árbol. Los aztecas imaginaban que su humo llegaba a Mictlán. Guiaba a los muertos desde Mictlán a los hogares de sus familias y amigos. Se decoraban los altares para los muertos con papel de corteza llamado amatl. Sobre ellos se apilaban frutas, vegetales y flores.

Altares como éste se hacían en honor a los muertos.

Los españoles conquistaron y destruyeron la mayoría de las construcciones aztecas para levantar las suyas. Estas ruinas aztecas pueden verse hoy en la Ciudad de México.

CAPÍTULO 3

Conquista española

HERNÁN CORTÉS

Hernán Cortés nació en España alrededor del año 1485. Era explorador. Ayudó a conquistar la isla de Cuba en 1511. Desde allí navegó hasta México en 1519. Cortés había oído acerca del imperio azteca. Para el año 1521, Cortés había conquistado a los aztecas y controlaba casi todo el centro de México. Hernán Cortés murió en 1547 cerca de Sevilla, España.

En 1521, soldados españoles conquistaron México. Derrocaron al imperio azteca y se apoderaron de las ciudades. México se convirtió en colonia española. Muchos aztecas fueron esclavizados. Los soldados querían terminar con el modo de vida azteca. Primero, destruyeron los templos y construyeron iglesias españolas en su lugar. Luego trajeron sacerdotes españoles llamados misioneros. Ellos les enseñaron a los aztecas la religión católica. Esperaban que reemplazara sus antiguas creencias. La iglesia católica era muy poderosa en aquel tiempo.

Los misioneros españoles adoraban a un solo

Los españoles intentaron que los aztecas creyeran en el Cristianismo.

dios en lugar de varios. Creían en la vida del alma después de la muerte. Las almas eran juzgadas por sus acciones en vida.

Los misioneros trataron de enseñarles a los aztecas el Cristianismo. Les enseñaron la vida de los santos y los mártires católicos. Por su relación especial con Dios algunas personas fueron santas. A los mártires los mataron por sus creencias. Los misioneros comparaban a los santos y a los mártires con los dioses aztecas del cielo y el infierno.

Como los aztecas, los misioneros españoles honraban a los muertos en ciertas fechas como "El Día de Todos los Santos", el 1º de noviembre. Se pensaba que mostrar respeto por los muertos protegía a los vivos. El 2 de noviembre es el "Día de Todas las Almas". Esta fiesta se originó en Europa en el siglo diecinueve. Este día, los españoles le pedían a Dios que enviara las almas de sus seres queridos al paraíso. Colocaban alimentos y velas en las tumbas de la familia en las iglesias

Los misioneros españoles recordaban a sus seres queridos en ceremonias.

Hernán Cortés y otros soldados españoles atacaron a los aztecas. Los españoles conquistaron al pueblo azteca y se apropiaron de sus tierras.

y cementerios. Esta costumbre se asemeja mucho a las ofrendas aztecas.

México se independizó de España en 1821. Durante trescientos años, los aztecas y otros mexicanos intentaron mantener sus creencias independientes de las españolas.

Pero con el tiempo, estas tradiciones se fusionaron. Ahora, cada región de México celebra de distinta manera los Días de los Muertos. Una práctica usual es hacer una ofrenda o altar. Las ofrendas les permiten a las familias expresar su amor y recordar a los que han muerto.

Esta mujer deja alimentos como ofrenda en el altar.

Los altares se erigen en las casas o en las iglesias.

CAPÍTULO 4

Mi casa
es su casa

- *Papel picado— papel cortado*
- *Velas—una para cada familiar fallecido*
- *Calaveras de madera o azúcar*
- *Jabón y toalla para lavarse*
- *Jarra con agua para beber*
- *Sal (símbolo de la vida)*
- *Incienso*
- *Pan*
- *Comidas picantes*
- *Flores*
- *Chocolate*

Los altares son áreas especiales de las casas. Pueden ser mesas, un rincón, o cualquier lugar disponible. En los templos aztecas e iglesias católicas las ofrendas en los altares eran para los dioses. Hay altares en muchos hogares españoles y mexicanos. La familia se reúne allí para cantar y orar. Algunos ocupan una habitación. Otros sólo un rincón. Los altares domésticos honran a los santos y a la familia. Allí se colocan fotos, velas, imágenes religiosas y rosarios.

Toda la familia hace una ofrenda en los Días de los Muertos. Primero, comparten recuerdos de sus parientes fallecidos. ¿Qué les gustaba

No todos los altares son iguales. Este es de arena.

hacer en vida? ¿Cómo se vestían? ¿Cuáles eran sus películas, libros o comidas preferidos? Luego, se colocan en el altar cosas que les gustaban o pertenecían. Por ejemplo, si un pariente era guitarrista, se colocaba una guitarra real o de juguete. O se armaba el altar con forma de guitarra.

La ofrenda crea un espacio para los muertos en la vida familiar diaria. Los parientes parecen estar más cerca cuando se recuerdan sus historias. Al hacer la ofrenda, las familias demuestran cuánto les importan sus seres queridos fallecidos. Los niños aprenden la historia de su familia. Conocen los logros conjuntos de su familia. Algunos creen que los espíritus mismos visitan sus hogares en esos días. En el estado de Morelos, en México, el altar se arma en un dormitorio con sillas o una cama para que descansen los muertos. Los vivos duermen en el porche. No lo hacen por miedo. Desean que los muertos estén cómodos.

Las ofrendas pueden armarse afuera. Algunas se colocan sobre la tumba o el lugar exacto donde murió la persona. En el centro de México, los construyen sobre botes y barcazas. Los envían flotando por los canales. Los museos y galerías de arte honran a los famosos con ofrendas ostentosas. Las iglesias y centros comunitarios hacen ofrendas para gente olvidada como huérfanos y presos. En los zócalos, o plazas de las grandes ciudades, artistas y activistas crean altares públicos a la

Muchas familias ceden sus camas para que sus parientes fallecidos estén más cómodos.

vista de todos. Estos muestran condiciones que demandan cambios. Se han hecho para gente que murió de hambre, enfermedades o en condiciones insalubres de trabajo.

Las familias piden a los músicos que toquen las canciones favoritas de sus seres queridos fallecidos.

Se usan flores de muerto para decorar los altares.

Fiesta, flores y comida

Como los altares aztecas para los muertos, las ofrendas modernas se llenan de símbolos de la cosecha. La mayoría incluye flores. Las marigolds o cempasuchitl se conocen como "flor de muerto". Son amarillas y anaranjadas y tienen un perfume a tierra muy penetrante. Su color brillante y fuerte aroma les recordaba el sol a los aztecas. Durante los Días de los Muertos se colocan flores de muerto en floreros, se plantan cerca de las tumbas y se enroscan en cañas o arcos. Los arcos forman una puerta para que entren los muertos. Se esparcen pétalos sobre las tumbas.

Alimentos como pimientos y naranjas se colocan en el altar como ofrendas.

Las familias hacen un camino con semillas y pétalos desde el cementerio a sus casas. Esperan que los muertos sigan el camino. Se cree que la flor de muerto es tan brillante que puede verse aún después de haber vivido en tanta oscuridad.

La comida está presente en muchos altares. Los estantes de los mercados se llenan de fruta fresca y verduras. Las familias llenan sus canastas con naranjas, pimientos chili, tomates y caña de azúcar. Algunos de estos alimentos tradicionales se agregan al altar. Con otros se preparan platos sabrosos y picantes. Se condimentan o endulzan las frutas, calabaza inclusive. Se amasa la harina de maíz y se rellena con carne o pasas de uva para hacer tamales. Se endulza la harina de maíz hervida con jugo de frutas para hacer atole, una bebida de maíz caliente. El mole es una salsa espesa que se cocina lento. Se sirve con pavo en estofado o carne de pollo. En el mole, se muelen a mano granos de cacao para hacer polvo y se agrega a la salsa. Los aztecas fueron los primeros en usar chocolate en la cocina.

La ofrenda no está completa sin pan de muertos. Este pan de huevo dulce se saboriza con canela o semillas de anís, que le da sabor

Se amasa el pan con forma de esqueleto y cara de dulce.

Esta niña revuelve la comida que se usa como ofrenda. La foto del altar muestra a gente importante en la historia de México. Pancho Villa (centro izquierda) y Emiliano Zapata (centro derecha) lideraron la revolución mexicana a comienzos de los años 1900.

de liquorice negro. El pan se glasea con miel o se espolvorea con azúcar roja o rosa. A las hogazas a veces se les da forma de personas o animales. Esto puede ser una copia de la costumbre azteca de colocar figuras de masa de maíz en los altares de los templos. El pan de muertos con forma de calavera es otro tipo

popular de hogaza. En algunas panaderías, se le da forma de huesos a la masa y se hornea sobre hogazas redondas.

Las ofrendas de alimentos hacen que los invitados muertos se sientan bienvenidos en las casas de los vivos. Los muertos no pueden comer. Se supone que inhalan el aroma. Cuando los muertos se van, las familias comen lo que queda en el altar.

Todo acto de comer es una forma de sacrificio. Todos los alimentos provienen de los cuerpos muertos de plantas y animales. En algunos lugares, la gente va de casa en casa intercambiando alimentos. Al entregarlo se dicen: "Esto es un regalo de mi pariente muerto". Las leyendas advierten que si no se es generoso con las ofrendas, el año próximo tendrá mala suerte.

Esta niña deja alimentos en las tumbas de sus hermanos.

Los esqueletos han sido un símbolo del Día de los Muertos desde los aztecas.

CAPÍTULO 6

El símbolo de la calavera

Sobre los estantes de una tienda de dulces, las filas de calaveras de azúcar parecen tzompantli. Estos eran estantes que los aztecas usaban para secar calaveras humanas. Se hacían orificios en los lados de las calaveras para poder atravesarlas con varillas de madera como cuentas.

Las calaveras y los esqueletos son tan comunes durante los Días de los Muertos como las ofrendas. Los negocios venden marionetas de esqueletos, figuras de cartón y figurines. Los juguetes con forma de esqueleto usan ropa y se colocan en todos lados, desde bicicletas hasta sillas de peluquero. Estos juguetes se basan en los gravados de un artista llamado José Guadalupe Posada. Vivió y trabajó en México durante finales de los años 1800. Su arte se publicó en periódicos y volantes. Los esqueletos de Posada son graciosos y no macabros. Nos recuerdan que el esqueleto

Los niños disfrutan comiendo calaveras de dulce durante el Día de los Muertos.

sostiene a nuestro cuerpo. Debajo de la ropa y de la piel todos somos esqueletos.

Las panaderías pintan esqueletos en sus vidrieras para anunciar sus panes y tortas de días festivos. También venden delicias de chocolate o azúcar con forma de calavera. Se regalan calaveras de madera. Las familias las colocan en las tumbas de los niños. Estos dulces originales se glasean y se envuelven con papel de aluminio. En la frente del dulce se pegan papelitos con nombres. Puedes comer una calavera con tu nombre o masticar una con el nombre de un amigo.

En algunos barrios, los niños salen a "calaverear". Van de casa en casa con calabazas reales o de plástico. En cada puerta recitan versos graciosos llamados calaveras.

Algunos niños salen a calaverear. Usan disfraces y recorren las casas pidiendo dulces.

Las celebraciones del Día de los Muertos se pasan de padres a hijos.

Los poemas se burlan de gente famosa como actores, atletas y políticos. Los adultos regalan monedas, nueces o dulces. Esta costumbre se llama calaverear.

Las comunidades mexicanas en los Estados Unidos celebran los Días de los Muertos. Sus fiestas pueden tener ceremonias para encender velas, clases de armado de altares, y decoración de calaveras con azúcar. Para muchos mexicano-americanos, es una manera de transmitir sus tradiciones a la familia y amigos. Les ayuda a otros a enorgullecerse de su identidad al repetir, explorar y enriquecer los antiguos rituales mexicanos que les fueron legados.

Dos niñas en Nuevo México usan marionetas tradicionales durante un desfile del Día de los Muertos.

Manualidades para el Día de los Muertos

★

Esqueleto plegable

Necesitarás:

- ✔ **Limpia pipas blancos**
- ✔ **Placa de espuma de empaque**
- ✔ **Marcador indeleble negro**
- ✔ **Cuerda (opcional)**

*Nota de seguridad: asegúrate de pedirle ayuda a un adulto, de ser necesario, para completar este proyecto.

1. Une los dos limpia pipas en el centro retorciéndolos tres veces. Esto formará una X. La parte inferior de la X será las piernas del esqueleto y la parte superior el cuerpo.

2. Forma un pequeño aro debajo de cada pierna para hacer los pies.

3. Retuerce las dos mitades superiores para unirlas en una.

4. Dobla la parte superior para que el cuerpo sea más grueso que las piernas.

5. Forma un aro pequeño con cada extremo de un tercer limpia pipas. Serán las manos..

6. Coloca el tercer limpia pipas perpendicular al centro del cuerpo y enróscalo.

7. Dibuja la cara en la placa de espuma con el marcador indeleble negro.

8. Une la cabeza insertándola en la parte superior del cuerpo. Hazlo con delicadeza. La placa de espuma puede quebrarse.

9. Coloca los brazos y piernas en posiciones graciosas.

Si lo deseas, ata una cuerda debajo de la calavera y cuelga tu esqueleto.

altar—Plataforma o mesa utilizada como centro de culto.

Cristianismo—Religión basada en las enseñanzas de Jesucristo.

misionero—Persona enviada a divulgar ciertas creencias religiosas.

otro mundo—Lugar de las almas que se han ido.

tradición—Pasaje de información o costumbres de padres a hijos.

Material de lectura

★

En español

Laufer, Peter. *Hecho en México*. Washington, D.C.: National Geographic Society, 2000.

En inglés

DeAngelis, Gina. *México*. Mankato, Minn.: Blue Earth Books, 2003.

Gnojewski, Carol. *Day of the Dead: A Latino Celebration of Family and Life*. Berkeley Heights, N.J.: Enslow Publishers, Inc., 2005.

Hamilton, Janice. *México in Pictures*. Minneapolis, Minn.: Lerner Publications Company, 2003.

Lowery, Linda. *Day of the Dead*. Minneapolis, Minn.: Carolrhoda Books, 2004.

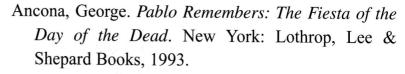

Material de lectura

★

En español y inglés

Ancona, George. *Pablo Remembers: The Fiesta of the Day of the Dead*. New York: Lothrop, Lee & Shepard Books, 1993.

San Vincente, Luis. *The Festival of Bones = El festival de las calaveras: The Little-Bitty Book for the Day of the Dead*. El Paso, Tex.: Cinco Puntos Press, 2002.

Tabor, Nancy Maria Grande. *Celebrations: Holidays of the United States of American and Mexico = Celebraciones: días feriados de los Estados Unidos y México*. Watertown, Mass.: Charlesbridge, 2004.

Direcciones de Internet

★

En inglés

DAY OF THE DEAD
    <http://www.elbalero.gob.mx/kids/about/
    html/holidays/ddead_kids.html>

MÉXICO
    <http://www.enchantedlearning.com/school/
    mexico>

THE BREAD
    <http://www.elbalero.gob.mx/kids/about/
    html/did/bread.html>

Índice

★